Textes issus des appels à textes émis par

le Collectif Adinkra Femmes

MON CORPS & MOI

À toutes les femmes dont le corps a été foulé

Préface

MON CORPS E(S)T MOI

Cette inquiétante étrangeté du corps

« La vie sexuelle de la femme adulte est encore un continent noir pour la psychologie…» nous disait Freud, en 1926, dans La question de l'analyse profane. Cette expression, empruntée à l'explorateur Stanley, traduit à merveille le désarroi qui est le sien face à ce corps qui lui apparaît comme l'Afrique apparaissait à ces explorateurs, noire, et donc hostile mais aussi irrésistible et envoûtante.

Le médecin neurologue psychanalyste qu'il est, a alors du mal à en comprendre tous les mécanismes, surtout ceux liés à la jouissance. Il est difficile de passer à côté de l'analogie entre cette terre alors peu ou pas explorée et cette béance dont on ne connaît la fin, cavité obscure source de toutes les angoisses et de tous les plaisirs. Berceau de l'humanité, Origine du monde violemment exposée par un Gustave Courbet, peintre réaliste du 19e siècle qui fait ainsi un pied de nez à la bien-pensance hypocrite, à la barbe de qui il brandit cette œuvre à la féminité triomphante, dérangeante, indécente et d'un réalisme conquérant. Loin des peintures mythologiques représentant ces corps nus, lisses quasi asexués, Courbet tranche dans le vif et expose la matrice. Ce n'est plus seulement un corps de femme, c'est un sexe de femme avec toute sa symbolique.

De son temps, ce tableau a choqué ; et du nôtre, il choque encore, de même que toutes les représentations même figuratives de ce symbole absolu du féminin. Surprenant n'est-ce pas, surtout après cette révolution sexuelle chantée à cor(p)s et à cris(e). Cette période, qui marque le début de l'émancipation sexuelle des femmes, favorisée entre autres par des avancées scientifiques telles que la découverte de la pilule contraceptive, au début des années 50 et l'invention du stérilet, bien plus tôt, dans les années 1928. Au-delà de ces aspects très physiologiques, on note une certaine évolution dans le discours sur la sexualité féminine notamment.

On est bien loin du "continent noir" freudien. Le contexte a changé, les mœurs ont évolué, la science aussi. On en sait plus, on fait plus l'amour, on jouit plus, mieux… Vraiment ? Pas du tout si l'on s'en tient au rapport HITE sur la sexualité humaine publiée, en 1976, par la sexologue Shere HITE. "La plupart des femmes parviennent à l'orgasme seules", dit-elle, rejoignant ainsi le constat fait par Freud 50 ans auparavant.

Les femmes jouissent, et pour beaucoup d'entre elles, seules !

Et pourtant, le corps de la femme semble reprendre vie sous le regard d'une société encore très frileuse sur la question. Il faut jouir ! Mais pas trop… La femme est libérée de tout ; seulement, son corps, continue, insidieusement, de subir les injonctions de cette société à qui il fait peur. Des carcans se brisent remplacés par d'autres tout aussi solides.

Mon corps et Moi

Pour une réappropriation du corps et de la féminité

Cet intitulé suggère une dualité annonciatrice de ce paradoxe qui veut que notre corps soit le nôtre tout en étant "corps social", plus tout à fait à soi. Le corps ainsi posé est alors terrain d'expression privilégié de l'être femme, reconnu, accepté, mal ou difficilement appréhendé voire rejeté. Il est plus que jamais le théâtre de ce conflit pulsionnel permanent qui débouche sur la problématique de son être à soi/au monde.

Mon corps ET moi vs mon corps EST moi, la question a lieu de se poser et pourtant, nous naissons avec lui, nous grandissons et lui aussi. Alors d'où vient cette dichotomie qui engendre une telle distance, un tel malaise avec cette entité qui est pourtant nous ? Et surtout comment y faisons-nous face ?

À ces questions il est possible d'apporter un début de réponse. Le corps féminin est le lieu des injonctions souvent contradictoires, voire paradoxales d'une société toujours plus exigeante.

Féminité, maternité, beauté, pureté etc., il n'a d'existence que s'il épouse l'un de ces paradigmes, véritable fardeau dont il est difficile, voire impossible de se défaire.

Ces diktats sont si bien intégrés, que dis-je, "introjectés" pour parler comme Ferenczi, que nous devenons le bras armé de cette société qui ne nous fait aucun cadeau. Nous n'avons que très peu le choix au fond.

Être belle, mince, grosse, mère, vierge…et pourquoi pas asexué… Tels sont les attributs « féminins » qui lui sont imposés.

Très tôt construit par le regard de l'Autre, ou plutôt ces autres, qui l'ont bien souvent surinvesti, il peine à exister et tente de s'exprimer par tous les moyens. L'être soi du corps de la femme est, dès le début, dicté par une volonté de contrôle qui a adopté plusieurs formes au fil des époques. Excision et infibulation sont encore pratiquées afin d'avoir la maîtrise physique et symbolique de la jouissance féminine, car souvenons-nous une femme qui jouit ou qui est susceptible de le faire est encore perçue sous certains cieux comme un danger. Boulimie et anorexie, dans un registre différent viennent plus actuellement maltraiter ce corps, tentatives pas toujours réussies, de gommer avec une violence auto-infligée, les attributs qui confortent tant biologiquement que symboliquement son appartenance au genre féminin.

Le corps féminin est donc corps politique, religieux et social aussitôt qu'il vient au monde. Il est l'instrument privilégié d'une domination masculine qui a su, au fil des époques, avancer masquée en projetant ses incertitudes sur ce corps féminin Le corps féminin est religieux, ultra-sacralisé. Ce qui, paradoxalement, le met dans un carcan. Il est encore considéré, par beaucoup, comme impur. Canal privilégié du péché et du mal, il est couvert, mutilé, ficelé et même marginalisé.

Le corps féminin est manifeste de transgressions multiples, de libertés arrachées puis limitées, et ainsi de suite, dans un cycle qui semble ne jamais devoir s'arrêter. Plus que jamais, le corps de femme revêt un indéniable enjeu politique. Il devient témoin privilégié du retour pourtant contesté d'un patriarcat qui n'a en fait jamais cessé d'être là et de s'exprimer.

Le corps féminin est conflit entre nos pulsions de vie, parfois de mort et la réalité avec laquelle on doit vivre. Une réalité au travers de laquelle il doit trouver la voie pour exister ; pas seulement pleinement s'exprimer, mais littéralement exister.

Nombre d'entre nous d'hier, d'aujourd'hui et encore de demain devront lutter afin que les chaînes psychiques, symboliques et idéologiques tombent l'une après l'autre. Le but ultime n'étant pas qu'il soit en phase avec la société, mais bien que nous soyons nous en phase avec lui dans toute sa totalité...

Bélinda Rose Ngo Bati

Psychologue clinicienne

Préambule

Maquillé, dissimulé, exhibé, vendu, acheté, mutilé, violenté, le corps des femmes a de tout temps été le problème d'autres qu'elles-mêmes. Et leur relation à ce corps n'est pas toujours des plus simples, surtout pour les plus jeunes qui, bien avant d'éprouver elles-mêmes du désir, doivent déjà composer avec le regard des Hommes.

Bridées par les diktats d'une société phallocratique, elles vont être modelées, au gré de ses envies et vont subtilement intérioriser le poids de leurs désirs sexuels, de leurs goûts et même de leurs jugements au point de s'étioler. Elles vont ainsi construire une distance entre elles-mêmes et leurs besoins physiologiques et émotionnels, qu'elles auront vite fait de mettre entre parenthèses.

Il est venu le temps pour les femmes de se réapproprier ce corps qui leur a été présenté comme étant la cause et le lieu de toutes les inhibitions et qui pour finir leur a été lâchement confisqué. En censurant leur corps, on leur a coupé le souffle et par là même ôté la parole. Or, Il faut que les femmes reprennent la parole en se mettant en texte. Car c'est par la plume qu'elles effectueront un retour à ce corps dont elles ont été violemment éloignées.

Alors ces chères poétesses par leur encre, feront renaître la femme de chair et d'esprit pour un orgasme littéraire. Diront ces désirs enfouis qu'on lâche difficilement. Diront ces peurs secrètes et ces rêves qu'on garde au creux de l'âme épuisée. Diront ces complexes désinhibés et assumés, ce corps sans mutilation, ni accommodation.

Des poèmes qui prennent la forme que l'on souhaite : libre dans tous les cas, classique pourquoi pas, rimé ou pas, sonore sûrement, visuel et pas que, en prose c'est possible, poétique sans aucun doute, inédit c'est mieux, musical avant toute chose, discret ou audacieux… Dire la femme, pour qu'enfin à elle, elle soit.

Zila Aset
Vice-présidente en charge du domaine littéraire
Collectif Adinkra Femmes

Corps dépossédé...

Mona Tayara

Liban

Née au Liban, mariée, deux enfants, Mona Tayara vit aux Etats-Unis dans un petit village de la Pennsylvanie. Elle fait des études de Business administration sans conviction. La littérature l'attirait énormément, ainsi que l'enseignement. Elle a été institutrice de français dans plusieurs pays. Puis, a repris ses études et obtenu en 2016 son Master de littérature générale et comparée à la Sorbonne-Nouvelle, Paris 3.

"Je voyage constamment dans les livres et l'écriture me donne la liberté de penser. Les mots ont le pouvoir magique d'émouvoir les âmes, de révéler des secrets et de crier à l'injustice."

Mon corps et moi

J'ai perdu mon corps dans les étreintes de l'envie,
Dans le profond souterrain des ténèbres de la folie,
En offrande aux frustrés, aux satyres, aux sadiques,
Du sexe à volonté sur une terre aux senteurs maléfiques,

J'ai perdu mon corps en cils exhibés aux enchères,
Avec une trace généreuse de khôl sur les paupières,
La poitrine bien ronde pour élever les fièvres !
Les maquereaux en exhibition peuchère
Jubilaient en orgasmes de grands mammifères.
Le prix d'une fellation pour sodomiser le compte bancaire
Et dissimuler l'extase des bourreaux aux femmes achetées.
Belle marchandise pour convoiter les vagins violentés !
La monnaie de l'enfer s'empile sur la table illusoire
Pour oublier la famine, le froid et l'indécence d'un soir.

J'ai perdu mon corps aux criminels de l'excision
Et ma douleur jaillit aux murs de l'approbation
Du plaisir à la perte de tes eaux tu crieras :
« Seigneur ! Je suis née de la haine avec un poids d'ordures ».
Dans la misère de l'immonde, tu enfanteras la pourriture !
« Elle a des lèvres ! Erreur de la nature, tu seras dissimulée
Fantômes et cauchemars des esprits hantés,
Fille, femme, fatale dans le dédale des labyrinthes,
Tu ne pourras porter plainte, tu resteras enceinte
Et gare à une progéniture féminine ! Tu vivras dans la crainte !

J'ai perdu mon corps aux faiseuses d'ange,

En un tour de main, elles charcutent ce qui dérange.

Tu as cru aux séductions d'un charmeur, alors surmontes !

La chirurgie de l'absence pour délivrer ton erreur,

Même si dans les tréfonds de tes entrailles une vie se meurt !

Confessions et regrets resteront sourds pour les soutanes

Du déshonneur familial, tes pétales de fleurs se fanent

Alors porte la blessure et le souvenir de ses rivages

Où l'illusion t'a bercée dans les bras du mensonge

Le chemin du repentir ? Le cours du fleuve s'allonge !

Alors, Je le porte mon corps en chair abusée,

En membres cliquetants de désespoir exacerbé,

Si mon squelette tient la route, mon âme éreintée

Hurle aux racines, aux rochers, aux couches stratifiées :

« Cette peau est mienne ! En moi, elle respire l'arc-en-ciel !

Alors, Je le porte mon corps mutilé en lambeaux disséqués

Je me lève, me relève, titube et puis je marche !

Marche avec mes pieds ensanglantés des fuites répétées,

Marche avec mes quatre mains sur les rochers de l'impossible,

Marche sur les ronces de l'émotion indicible,

Marche avec mes oreilles pour éloigner les vautours

Passionnés de charognes entassées dans les alentours

Et maintenant, de vos pensées malsaines

Du phallus aux ongles de haine,

Je danse sur votre corbillard et votre cortège d'ablations

De mon corps n'approchez ! En barbelé épineux, je mure ma passion

De mon corps n'approchez ! Abolition du fouettage
Vous avez cru, imaginé, rêvé reprendre l'esclavage !

Je le porte mon corps, Femme libre à jamais !
En jouissances parfumées, il visitera les oasis des déserts oubliés
De l'espoir miraculé, il verra les cimes enneigées,
Des rayons de soleil, il suivra l'élégance de nos pas,
Et dans l'éclair de nos yeux jaillira la LIBERTÉ !
Scandée de paroles et des plus enflammées,
Pour dire et redire, notre corps de passionnées
N'est pas et ne sera plus jamais votre propriété !
Epongez vos sueurs froides et vos angoisses d'arriérés
Vous n'infligerez plus les tortures du passé,
Car nous sommes toutes unies à travers ce monde
Pour ne plus jamais permettre ces haines profondes !

Marianne Omey

Cameroun

Marianne OMEY nait en l'an de grâce 1990, de parents camerounais, faisant toute sa scolarité au Cameroun dans des écoles confessionnelles. Elle poursuit ses études supérieures à l'étranger pour devenir architecte ; la littérature ne l'a point quitté pourtant car, très jeune, elle se passionne pour cet art, dévorant tout ce qui lui tombe sous la main. En parallèle, elle s'essaye à l'écriture dans toutes ses rubriques : essai, conte et poésie. C'est dans ce dernier exercice qu'elle se veut prolifique, et c'est par ce canal qu'elle compte bien dénoncer les maux qu'elle voit miner la société dont elle se sait membre. Les mots sont pour elle un glaive qu'elle brandit pour atteindre sa cible, qui n'est autre que la psyché humaine, dont elle est admirative.

« Les mots peuvent faire ce que le glaive ne peut pas, panser des plaies. » *Marianne Omey*

Jour 37[1]

Sans pénétration aucune
On l'appelle intacte
Entre la prostituée et la vierge
Il n'y a rien au milieu et
Il n'y a de fidélité dans le copinage
Il ne sert de compter les kilomètres
Est prostituée la non-intacte
Non mariée

On se compose un visage
Une mine qui résiste à tout y compris à soi
On se dit
On n'est pas l'autre et
Cette éternelle rivalité qui me torture l'âme
Comment aimer ce ventre qui m'est étranger et
Qui ne m'appartient jamais assez

Je veux le souiller ce ventre
De toutes les souillures de la nature
Pour qu'enfin
Cette chair soit mienne
Me revienne
Que mes entrailles me soient rendues et
Je ne veux pas être bonne

---

1. Jour 37 ; 6 février : journée internationale contre les mutilations génitales, 2019

Elle ne ressent pas de plaisir

Encore moins ses profondeurs humides

Ou ses sommets durcis à
L'idée d'une rencontre prochaine

Non je refuse d'être celle
Qui se flagelle
Qui fait pénitence
Et pour cause
Ses propres pensées l'ont trahie
Et elle se juge charnelle et impure

Je veux ma foi y songer
La sainte jouissance et
Le paradis des plaisirs et
Être la lapidée et
M'asseoir à la gauche du dénudé et
N'avoir de gloire qu'une verge innocente et
Retrouver ce plaisir qui
Me fut ôté dès la présence entre mes guiboles
De cette interdite et maudite
Goutte de sang qui
Me changea d'humaine en Trophée gagné
Par les « dieux » ou les « hommes »
Et cela tristement sans moi.

Jour 125[2]

Si j'étais un sexe de femme,
Je dirais vagin tout le temps
Puisque j'en suis un.
Je créerais un hashtag symbolisant
L'idée de ce que l'on ressent
Quand on est un vagin, ce que
L'on ressent quand on y est.
Quelle injustice tout de même

Moi le clitoris,
Les livres de science ne montrent que la face émergée de mon iceberg
Boudé par ceux qui m'emploie passivement et activement.
Qu'ai-je donc fait pour avoir une telle punition, effacé du monde
Pourtant quels qu'ils puissent être
Tous et toutes savent ce que
C'est que "d'être dans un vagin."

Cette chaleur, cette douceur, cette protection
Quel n'est pas le bonheur d'y siéger.
De se réfugier,
Dans le ventre de sa mère,
Dans le creux de mon amante
Dans les tréfonds de mon plaisir singulier
Le bonheur

____

2. 25 novembre : journée internationale pour l'élimination de la violence à l'égard des femmes, 2019

Et personne ne peut me contredire
Et chercher querelle.
L'erreur est voulue
Cela, exprime l'être dans un vagin
Et pour le bilinguisme je dirai
#like in pussy.

ANK

Cameroun

— —

Kédine

Benin

Empreinte

J'ai vu mon corps
Être détruit
Je continue d'avoir des traces
Je me lave et je vois
Ce corps qui m'a été offert...
Je le regarde se détériorer...

Dans toute sa volupté
Sa splendeur
Il se lamente,
M'offrant ce besoin d'amour.
Las de lui-même,
J'en regarde les courbes
Je les aperçois s'épanouir
Se déployer dans le vent
Myriade d'étoiles illuminant le ciel
ARC EN CIEL...

Ce corps qui fut mien
Brisé désormais par une guerre dont jamais il n'eut le contrôle Pourtant,
si œuvre d'art face au miroir de la vie

Si le souvenir de la lame qui un jour trancha mes lèvres
Et m'ôta le sein droit
Est inscrit dans ma peau
Les lignes de mon corps offrent un spectacle unique,
celui d'être différent

Mes entrailles qui ont connu la douleur jubilent de tressaillir de
nouveau et

cette fois de plaisir

Elles valsent avec l'univers,

avec la vie.
Peu lui importe les douleurs ou les gestes insignifiants, les pertes,
Mon corps-désir, immense d'amour, chante une symphonie.
Il se mire dans les vagues du ciel.
Il habite l'arc-en-ciel
Il est essence-Ciel.
Lamentations habitées d'espoir...
Des larmes qui s'ouvrent aux perfusions.

Suis-je encore femme ?
Déesse déchue ou demi-reine
Par la même lame reconstruite
À la douleur tresser les couleurs
À la rage peindre l'or de l'espoir
La gloire de la vie et non l'envie
D'en finir avec la vie

Et pénètrent dans ce qui était un temple
Toutes les douleurs,
Elles violent encore et encore la beauté de l'être ...
Et tonnent dans le paradis l'inexplicable

Violoncelle, elle doit être accordée de nouveau ...
Car les cordes ont disparu

Pourtant elle était la divinité des parquets
Aujourd'hui, elle arpente les pavés
Murmurant la mélodie de l'amour
Car peu importe l'air pluvieux
L'arc-en-ciel finit par s'étendre sur un ciel gris.
Ainsi soit-il ! Et que gloire se fasse ! Car même dépourvue de tout !
Femme, je le suis !

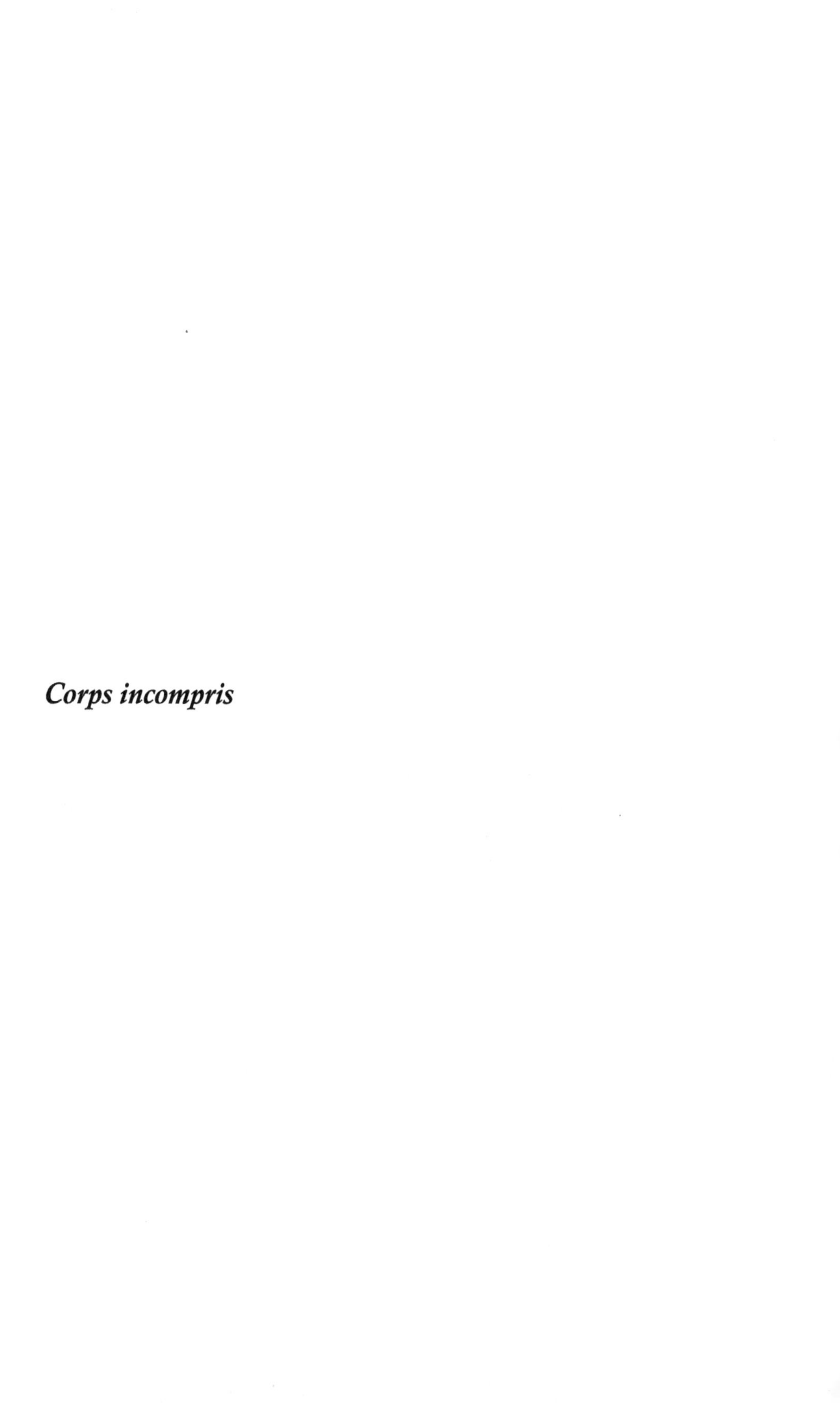

Corps incompris

Christelle Ngueping

Cameroun

Camerounaise âgée de 35 ans, Christelle Ngueping est célibataire et sans enfants. Chrétienne pratiquante, elle est diplômée de L'Ecole Supérieure des Sciences et Techniques de l'Information et de la Communication et exerce au quotidien le métier de Maitresse de Cérémonies. Elle encourage les gens à inclure l'activité physique dans le quotidien à travers l'initiative Let's MovEat qu'elle a créé il y a quelques années. Elue Miss Ronde et Belle Cameroun en 2017, elle aime surtout écrire

Mon très cher corps

1

Ô mon corps !
Mon très cher corps,
Mon pauvre corps,
Toi qui m'as portée au rang de reine de beauté,
Toi dont on exalte l'allure et les courbes généreuses,
Toi que beaucoup convoitent et que d'autres dédaignent,
Toi la source de mes plus beaux compliments,
Mais aussi de mes pires moqueries,
Toi qui revêts mon âme et mon esprit,
Toi qui me portes vers les autres et vers le monde,
Toi, le siège de mon souffle,
JE T'AIME

2

Ô mon corps,
Mon pauvre corps,
Toi que j'aime tant,
Parle-moi,
Parle-moi un langage que je comprends,
Dis-moi toutes tes peines et tes souffrances,
Cesse de crier,
Cesse de pleurer,
Arrête-toi un moment et dis-moi ce qui te chagrine,

Dis-moi ce dont tu as vraiment besoin,
Parle-moi dans une langue que je comprends.
Tu ne laisses rien voir
Mais toujours tu cries,
Tu pleures sans cesse,
Jamais tu ne me laisses de répit,
Ma nuit est un cauchemar éveillé,
Où tu me trimballes entre soif, pipi, chaud et froid
A peine je t'habille que tu as trop chaud,
Je te déshabille aussitôt pour que tu aies très froid l'instant qui suit,
La gorge sèche demande sans cesse de l'eau mais ne se désaltère pas,
Tu dois évacuer ensuite.
Le flanc de la jambe droite endolori
Je peine à me coucher de ce côté
Le matin apparaît comme une délivrance,
Mais très vite je déchante,
Des décharges électriques me parcourent,
Je suis pleinement consciente,
Je te regarde faire,
Les autres effrayés s'agitent,
Posent des questions auxquelles je n'ai de réponse.
Pourtant mon seul désir est de te comprendre
De prendre soin de toi,
De t'aimer comme tu le mérites
Mais je dois savoir ce que tu veux vraiment.
Parle-moi,
Parle-moi mon corps,
Apprends-moi ta langue afin que je te comprenne.

3

Ô mon corps,
Mon pauvre corps
Mon ami,
Toi qui es si différent de la norme établie,
Enfant, tu n'as pas eu droit à tous les jeux de tes pairs,
Tu as été mis à l'écart parce que tu n'avais pas les mêmes aptitudes
que les autres,
Tu n'as pas eu droit au manège dans les aires de jeux,
Tu n'as pas eu droit aux ballets lors des fêtes de fin d'année
à l'église,
Tu t'es brisé le bras alors que tu essayais de faire comme les autres,
Tu étais dernier à toutes les courses, avec en prime des moqueries,
Tu as été retiré d'une liste de filles d'honneurs
parce que tu ne convenais
pas au cortège,
Quelqu'un t'a dit que tu n'étais joli que du visage,
Tu t'es cru indigne d'avoir un chéri qui te plaise,
Mais tout ça est derrière toi maintenant,
Tu es différent et j'aime ça
J'aime ton allure et tes courbes rebondies,
J'aime ton sourire dévastateur,
J'aime la douceur de ta peau, sa couleur aussi,
J'aime tes doigts, ils sont longs et fins,
J'aime combien tes jambes sont longues,
J'aime ta taille.
Tu n'as pas besoin de savoir tout faire,

Tu n'as pas besoin d'être comme les autres

Encore moins de plaire à tout le monde,

Tu es tel que tu es.

Et je t'aime comme ça.

4

Ô mon corps,

Mon pauvre corps,

Je n'ai pas toujours été ton ami

Je ne t'ai pas toujours aimé comme il faut,

Comme tu le mérites,

Pourtant tu es digne d'être aimé,

Toi qui es si beau et si présent,

Toi qui pleures quand je pleure,

Et jubiles quand je suis en joie,

Toi qui es avec moi dans tous mes voyages

Dans toutes mes aventures,

Comme un serviteur fidèle, jamais tu ne m'as quittée

Même lorsque tu vas mal,

Tu pleures, tu cries, mais tu es là

Avec moi,

Pourquoi n'ai-je pas compris plus tôt que tu étais mon plus grand allié

Que sur toi je pouvais m'appuyer et compter,

Mais je t'ai maltraité,

Méprisé,

Rejeté,

Je n'ai pas su te protéger quand les gens se moquaient de toi

Le monde t'a rejeté parce que tu étais différent et je l'ai suivi

Sans me questionner, sans demander ton avis

Jamais je ne t'ai vraiment écouté jusqu'à ce que tu cries et que tu menaces

de me lâcher

Ce jour-là, contre toute attente, tu t'es mis à sauter comme

si tu étais électrocuté

On t'aurait dit grelotant de froid pourtant c'était la saison sèche,

Tu ne t'accommodais plus des regards d'autrui,

Tu sautais à n'en plus finir

De jour comme de nuit, en privé comme en public à mon grand

étonnement.

Aujourd'hui encore tu cris de colère,

À des fréquences que toi seul décides,

Les médicaments ne t'ont pas calmé,

J'ai décidé de les arrêter.

Tu refuses d'être aussi docile qu'avant, aussi obtempérant.

Tu as pris tout le contrôle et tu ne lâches plus.

C'est désormais toi le maître à bord,

On bouge quand tu veux et on s'arrête quand tu le décides

Peu importe l'agenda, tu ne t'en accommodes guère,

Tu m'imposes ton rythme et moi je suis.

Comme elle est loin l'époque où j'avais le plein contrôle.

Comme je te comprends,

Je ne t'ai pas seulement privé d'amour, mais je t'ai torturé

Je t'ai dosé un niveau de peur au-delà de tes capacités

Je n'ai cessé d'introduire en toi un volume de pensées dont tu

n'avais pas besoin

Des pensées négatives pour la plupart,

Je les emmêlais et les ressassais au long des jours sans repos,
Te faisant porter tout le poids de mes frustrations,
Comme un prisonnier qu'on roue de coups,
Je t'ai flagellé de condamnations et de culpabilités.
Seul, sans soutien, tu as porté le poids de mes accusations,
Tu as pris sur toi mes hontes et mes insécurités,
Je t'ai traîné dans mes désirs inavoués, et mes ambitions
démesurées
J'attendais de toi que tu sois en mesure de tout faire à la perfection,
Je refusais que tu exprimes le moindre signe de fatigue,
Le moindre signal était une occasion de te presser encore plus,
Je n'appréciais pas ce que tu avais à me donner,
Je ne félicitais pas tes efforts,
Au contraire, je t'en demandais toujours plus,
Te faisant subir mon incapacité à me reposer,
Te négligeant et de délaissant, pour encore plus te demander.
Ô mon corps,
Mon pauvre corps,
Pardonne-moi,
Pardonne mon ignorance,
Pardonne mon ingratitude,
Pardonne ma tyrannie,
Oublie le passé et recommençons à zéro
Sois mon ami je t'en prie,
Arrête de crier,
Arrête de pleurer,
Fais passer ta colère,
Ton châtiment est semblable à celui que je t'ai fait subir,
Je le mérite bien

Mais je t'en prie arrête
Ne me rends pas pièce pour pièce,
Je t'ai compris maintenant et j'ai lâché prise,
Lâche prise toi aussi et repartons sur de nouvelles bases,
Je te promets de t'aimer et de te chérir,
De prendre soin de toi comme il faut,
Tu le vaux bien, mon corps, mon ami,
Je te donnerai ce dont tu as besoin,
J'agirai en accord avec tes capacités réelles,
Je te traiterai pour qui tu es, un humain,
De la chair des os et du sang,
Et non pas comme une machine,
Je serai ton âme et tu seras mon corps,
Ensemble nous conquerrons le monde,
Et quoi qu'il arrive, je serai fière de toi,
De ce que tu auras à me donner,
Tout ce que tu me donneras,
Tout ce que tu seras en mesure de faire,
Je le prendrai le cœur reconnaissant,
Parce que je sais que tu m'aimes
Et que je t'aime aussi.
Mon corps,
Mon très cher corps,
Mon ami,
Je t'en supplie,
Apaise-toi !

Kédine

Benin

La promesse de sa plume : disserter en peu de mots, dévêtir les maux au travers de mots, enflammer les sens par la symphonie des mots. Elle ne saurait se dé-finir car elle n'est point finie .

Règles

Signe de puberté
Symbole de féminité
Légère ou abondante,
Elles demeurent odorantes

Elles coulent tous les mois
Mettant en émoi
Bousculant la routine
De l'époque enfantine

Leur retard, signe précurseur de grossesse
Engendre allégresse ou détresse
Leur déclin annonce la ménopause
Les ovaires prennent une pause

Leur absence peut cacher une infertilité
Leur présence, pour certains, rime avec impureté
Pour d'autres, elles ont un caractère sacré
Sacrées règles,
Parfois elles font taches.

Marianne Omey

Cameroun

Jour 67[1]

Le sang
Cette odeur de métal rouillé.
Cette chose dont je serais souillée

Entre mes jambes coule pourtant la vie
Et je marche en me retournant là et ci
Suis-je impure ? Suis-je salie ?

Cette chose entre mes jambes
Qui éveille en ma lune
Une rougeur de jour d'union
Et moi, en moi-même
Et ce sang
Je le prends comme désunion
Du moi, en moi-même

A-t-on appris à être femme
Comme on apprend à être fille
À aimer la poupée et la rose
La fragilité et le maniérisme ?

Et mon sang, ai-je une idée de ce que c'est ?
Entre nous on s'appelle " fille "
Bien que la goutte de sang ait
Fourni une femme de plus

---

1. Jour 67 ; 8 mars : journée internationale de la femme, 2019

Nous ne nous autorisons pas à être autre chose
Autre chose que ce que tous disent que nous sommes
Nous sommes pourtant ces êtres faits de pierres et de courages
Courage à nous alors de sortir de l'ombre des vagues du désespoir
We call ourselves girls instead of women, does it count ?
You
Tell me.

Ngo Mahop-Michel-Dikobo Danielle

France

Danielle Michel, la trentaine, afropéenne d'origine Camerounaise née à Douala est une touche à tout qui adore les mots. Tour à tour professeure de théâtre, chargée de diffusion, chargée de relation client et commerciale, cette afroféministe a pourtant toujours créé avec un stylo. Les mots comme une arme l'aident dans son engagement pour les femmes qu'elle porte à travers d'abord un blog littéraire "La demoiselle chocolat", et ensuite en tant que bibliothérapeute. Écrire, depuis l'enfance, est pour elle aussi essentiel que de respirer. Elle concrétise son rêve de créer pour être lue au travers des éditions Adinkra, mais aussi d'autres projets à venir

Moi, mon corps et nous

Devant la glace il reste silencieux
Et même si je tends la main
Je ne sens rien d'autre que la froideur de la lisse surface

Il me regarde, je l'observe,
Il croît quand il porte la vie.
Comme si au quotidien il ne portait pas ma vie.
Tous les jours un voyage s'y déroule, incroyable inimaginable.
Il réalise des exploits mais rien n'y fait, jamais il ne suffit.
La médecine lui offre soutien, j'ignore ses cris.
Mon corps, si peu parfait, tant inconnu.
À quoi sert-il ? Que transporte-t-il ?
Qu'est-ce que j'y transpose ?
Ma vie, lui est-elle due ?
Ou est-ce à moi qu'il la doit ?

Qui a choisi qui ?

Mon âme est-ce ce corps ?
Mon corps est-ce cette âme ?
Que me cache-t-il…
Comment fait-il pour souffler,
Vivre en dehors de moi tout en étant moi,
Ou est-ce l'inverse ?

Mon corps tu n'es pas si loin, pourtant te voilà parti.
Comment te voir, te connaître, t'accepter, t'aimer…
Comment arrêter de t'en vouloir
Te purifier, t'éclaircir, te nettoyer…
De quelle saleté t'es-tu rendu coupable
Noir, rose …divers

Mon corps.

Je n'ai jamais su te parler, t'écouter…
Entendre ton amour.
Es-tu vraiment ce temple
À qui appartiens-tu…

Mon corps.

Ces râles de plaisir rauque qui s'échappent de ta voix,
Lorsqu'une bouche rencontre ton sein,
Lorsqu'un doigt t'explore de l'intérieur
Cette galaxie offerte par l'hymne au clitoris.
Ce silence par la chanson du pénis,
Comment entendre ce dont tu as besoin
Comment ne pas avoir honte
De toi, De moi…

Qui es-tu ?
Ventre à fossettes
Vagin charnu

Utérus écarlate jugé coupable
Stries de bonheur, perçues comme un massacre de mon cœur
Tu fais peur autant que tu fascines
Pieds fatigués par le roulis de la vie mais préformé par la génétique
L'histoire d'une vie inscrite sur tes hanches rondelettes
La vie d'un plaisir sous cet épiderme.
L'histoire d'un peuple sous ce puits de soleil…

Mon corps.

Oh corps, cher corps
28 ans sans te voir, sans te parler.
Tant d'années à éviter cette conversation à t'espérer mieux
À te vouloir moins ou plus.
Tant de jours et de nuits à ne pas voir, à ne pas comprendre
Tant d'heures à t'espérer, te rêver et pourtant te voici.
Fidèle allié à mes côtés.
Il nous reste des demain.

Je les crois meilleurs. Je les espère dévoilés. Je les veux dialogues.

Avec toi et personne d'autre.
Il ne me reste plus qu'à soulever le rideau et à t'entendre.
Ceci n'est pas une promesse. Les 28 prochaines seront nôtres.
Ce baiser de toi à moi, m'apprendra
Ce qui ne m'a jamais été enseigné
T'aimer, et me laisser être aimé de toi.

Mon corps.

Armelle Touko

Cameroun

Poète dans l'âme, baroudeuse férue d'aventure, passionnée de l'humain et de la différence, Armelle Touko est une Camerounaise de 33 ans qui cueille les mots pour exprimer les maux et en faire des émotions libérées. Miraculée de cette plume qui l'a tirée des heures sombres, elle est engagée à offrir aux femmes de guérir, de s'apprivoiser, de se découvrir, à travers l'expression d'elles-mêmes. Car pour elle, la plume est une thérapie.

Abîmé

C'est quand tu n'as plus
ni voix,
ni force,
ni souffle,
ni énergie,
ni hargne,
Quand tu n'as plus les mots
Et que tes maux se sont tus,
Que ton corps à son tour décide de chanter sa propre symphonie
De ramer à contre-courant
Contre toutes les forces de l'univers,
D'expier toute la misère que tu lui as infligé
À ton propre insu.

Et te voilà spectateur de toi-même,
Sans aucune force pour crier
Face à tous ces atomes qui n'en font qu'à leur tête.
Qui se déchirent et te déchirent au passage,
Dans la plus douce frénésie.

Et te voilà impuissante
Face à cette arme tournée contre toi-même,
Ton pouce prêt à appuyer sur la détente
De cette tueuse silencieuse.
Lasse,

De n'avoir pas gardé le souffle pour gérer l'imprévu.
L'imprévu intérieur.

Comment lui dire que je l'aime
Que je suis désolée pour tout
Que je n'ai jamais voulu lui faire de mal,
Qu'en soignant l'esprit, je l'ai tout simplement oublié

Comment lui dire que je l'aime
Que je suis désolée pour tout,
Que je n'ai jamais voulu sa perte
Qu'en soignant mes peines
J'ai oublié ses plaies

J'ai préjugé de ses forces
J'ai priorisé l'âme.
Pourtant j'ai lutté de toutes mes forces,
Me croyant plus forte que moi-même.

Mais je n'ai plus,
ni souffle,
ni voix,
ni hargne.
Je n'ai que ce corps,
Qui n'en fait qu'à sa tête.
J'en suis désolée.

Corps affirmé...

Danielle Gonaï

Côte d'ivoire

Danielle Gonaï est une écrivaine Ivoirienne diplômée en Master de Gestion des ressources humaines. Elle est coordonnatrice service dans la multinationale «Manutention Africaine» Côte d'Ivoire. Elle initie des activités qui contribuent à la promotion de la littérature.

Excepta

Elle est femelle, elle est femme, féminine
Excepta !
Qui nait IL, et qui vacille
Pépite, arrosée à l'eau sociétale
Qui mue dans un cocon et devient ELLE
Excepta !

Je l'ai vu frêle comme une chenille verte
Comme une graine d'arachide toute fraîche
Propulsé hors d'un univers qu'on dirait antre,
Sans nom, sans sexe
Avec cheveux ou sans
Par le buste c'était IL ou Elle
Pas de signature.

Et puis plus bas
une fente faisant reflet
La rétine renvoyant l'éclat de fleur
Fleur de lys endormie
Et ils ont jugé que :

Elle est femelle, elle est femme, féminine
Excepta !
Qui nait IL, et qui vacille
Pépite arrosée à l'eau sociétale
Qui mue dans un cocon et devient ELLE
Excepta !

Poitrine de dalle
Fesses de bille
Gencives de mousse
Yeux d'ange
Pas de courbe, pas de taille fine
IL ou ELLE, c'est un bout de chair

Chair qui réclame tétons nourriciers
Chair qui vient de l'autre côté de la vie
Mais qui se mue et qui nous fait dire que :

Elle est femelle, elle est femme, féminine
Excepta !
Qui nait IL, et qui vacille
Pépite arrosée à l'eau sociétale
Qui mue dans un cocon et devient ELLE
Excepta !
Petite chenille
Scintille de nuit
Maintenant jeune fille
Avec ces rondelles au bas du menton
Entre deux bras qui se défendent
Poitrine dodue
Au-dessus d'une taille
Autrefois concombre
Aujourd'hui guitare
On dit que :

Elle est femelle, elle est femme, féminine
Excepta !
Qui nait IL, et qui vacille
Pépite arrosée à l'eau sociétale
Qui mue dans un cocon et devient ELLE
Excepta !

Elle fait du rouge
Sur sa jupe de soie
Puis son regard ferme balayé de cils raides
Blanc d'yeux pur
Sans soucis jeune âme
Se bouleverse face à tous ces regards

Yeux de charme ou de paroles infâmes
Ceux qui disent : Elle est belle
Et ceux qui scrutent ses défauts
Mais

Adolescente complexée
Pression cosmétique
Imparfaite !
À la rétine divergente
Dentition en râteau
Et jambe en ciseaux

Et puis VICTOIRE !

Elle se découvre tel un poussin
Sorti de sa coquille
Exquise saveur de la décomplexée

Elle sourit à pleine dent
Et s'assume
Quand ces jours arrivent on dit que :

Elle est femelle, elle est femme, féminine
Excepta !
Qui naît IL, et qui vacille
Pépite arrosée à l'eau sociétale
Qui mue dans un cocon et devient ELLE
Excepta !

Elle est exceptionnellement Elle.

Mistrale Maât

Cameroun

L'écriture, est un art divin.

J'ai 24 ans, je suis Camerounaise,

Mistrale Maât, est une identité qui m'aura libérée.

Je suis Mistrale Maât.

J'utilise l'écriture comme «Trident».

Mes métamorphoses

Je me regardais, j'avais honte.

J'avais honte

J'étais triste.

Honte pour ce reflet désobligeant.

Triste pour cette image morbide.

Je me détestais.

Je me haïssais.

Belle nymphe, je ne l'étais guère.

Majestueuse reine, je ne le paraissais.

Chère Maat,

Pourquoi ?

Pourquoi ?

Ce monde noir et lourd...

Cette vision sale et moche...

Je crie...

Elle m'étouffe...

Ô Maat,

Je crie à toi...

J'étouffe...

Je me meurs...

Pitié...

Pitié...

Je n'en peux plus.

Viens à moi.

La belle est venue...

Tu m'as prise de loin, Tu m'as lavée,
Tu m'as rachetée.
Tu m'as mise à tes côtés.
Oui je n'ai plus peur de rien.
Oui je ne crains plus rien.
Car tu es venue. La belle
Est enfin venue.

Je regarde l'eau de mer...
J'y perçois une nuance de beauté.
J'y vois une image.
Comment est-elle ?
Comment elle est ? Je ne sais pas.
Je ne veux pas encore...
J'ai peur !
Peur ?
Peur de la regarder.
Peur de me regarder.
Mille et une nuits passées,
Je pars la regarder.
Je pars me regarder.
Qui vois-je ?
Je vois un diamant.
Un diamant du ciel.
Je suis un diamant.
Un diamant du ciel.
Ça brille...
Ça brille...

Je brille...

Je brille.

Mille et une nuits,

Je regarde cette glace...

Je me demande

Qui es-tu ?

Qui êtes-vous ?

Le reflet,

L'effet,

Miroir,

Me répond,

Je suis une reine.

Je suis une déesse...

Je suis une nymphe...

Je suis ce que je suis.

Et moi, tentant de lui répondre...

Je balbutie,

Je perds mes mots…

Et là,

J'éclate en sanglots,

Je verse des larmes.

Des larmes de bonheur,

Des larmes d'ivresse,

Des larmes de joie,

Des larmes d'amour.

Des larmes...

Ô je m'aime !

Caroline Despont

Suisse

Née en Suisse, peu avant les premiers pavés parisiens, Caroline Despont trouve la liberté dans l'écriture, dépose les mots qui l'habitent dans un carnet qui ne la quitte jamais. Elle croit que l'écriture, la littérature et la poésie sont porteuses de valeurs humaines créant spontanément un pont culturel. Pour elle, quel que soit notre pays d'appartenance et notre milieu social, l'écrit ouvre le dialogue et la rencontre pour mieux se comprendre et donc mieux vivre ensemble. L'Association Pont Universel, Fribourg qu'elle rejoint en 2016 ancre profondément ses valeurs. Elle se dit *Chercheuse d'authenticité*.

Les temps du CORPS

Qu'il est loin le temps de l'enfance
Cette oasis où son CORPS
Libre
Flexible
Dansait avec le COEUR
Sans rigueur
Sans heurt
Dans le bonheur

ÊTRE
Prenait alors tout l'espace de son univers
Et par-delà les frontières
Son CORPS s'accomplissait dans une lumière
Angélique

Vint le temps du conformisme
Cette prison nommée normalité
Dont le prisme rétréci
Étrique la PENSEE
Soumet le CORPS au rang d'objet
Réduit le tout de l'enfance à une chose dissociable
Un truc monté en kit
Corvéable aux lois du marché

Marcher
Se lever

Enfoncer
Les PIEDS dans la terre
Boueuse
Noircie de frustrations
Vouloir
Posséder
L'autre
Devenir prédateur de
Son CORPS
Assoiffé de
TENDRESSE
Juste de
La tendresse
Ourlée aux contours de
Son CORPS
Offerte
Aux assoiffés

ÊTRE
Ce CORPS
Cette FEMME
Perdue dans le désert de l'AUTRE
Bouche ouverte
À genoux
Cri étouffé

ÊTRE
Ce CORPS

Cette FEMME
Qui hurle

NOOOOOOON !!!!!!!

Descendre dans les enfers
De son CORPS perdu
Effiloché
Semé aux vents des tourments des hommes

Arrive le temps du CORPS retrouvé
Réconcilié
Reconnecté
À l'ÂME

ELLE
Enfonce les PIEDS dans la TERRE
Se lève FIÈRE
Danse sous la pluie battante
Chante les louanges de l'univers

Il est là le temps du CORPS
Retrouvé
Réconcilié
Reconnecté
À l'ÂME

Violoncelle piano djembé trompettes

ELLE
Tambourine de ses PIEDS
Le sable rouge de ses racines
ANIMALES

ELLE
Célèbre

Trop pour la bienséance
Trop pour le prédateur
Celui-là même qui veille courbé à sa fenêtre

ELLE
N'en a que faire
Le traite avec dédain
Contredit les ancêtres
Le traite par-dessus l'épaule des promesses
Sans lendemain
Provoque sa colère porteuse d'une vengeance
Sans importance

Qu'il tende l'oreille
Il est là le temps du CORPS
Retrouvé
Réconcilié
Reconnecté
À l'ÂME.

AbeeNdjeya

Cameroun

AbeeNdjeya est une jeune camerounaise passionnée d'art et de mode, diplômée en Droit public. Le jour, cadre d'administration, elle revêt son habit d'écrivain le soir venu. L'écriture est son exutoire pour dire la vie et les mots ses outils.

Ma place

De moi je ne connais rien
Pas de mots !
Enfermée tel un animal en cage
J'ai été exhibée
Tant que je le valais.

Le silence était mon amie
Ma compagne de vie
Elle m'enveloppait
Me chérissait
Me happait
Le silence !
Le vide !
L'abîme !

J'étais cernée sans m'en douter
Peut-on souffrir de ce qu'on ignore ?
Je n'avais conscience
D'aucun bruit
Puisque j'habitais la maison
Des paroles enfouies

Ma place
C'est les autres qui me l'attribuaient
Il fallait bien se soumettre aux usages.
Le temps d'un instant.

Furtif, si court
Je brillais pour
Ces regards qui me scrutaient.
Femme miroir,
Poupée docile
Belle juste à être regardée
Je ne me suis plus reconnue
Dans leurs yeux perçants
Toutes mes promesses d'adolescentes
Fanées
Par lâcheté
Par des années de mise en scène.
Mais en moi sommeillait
La fille qui te souriait
Vivait à la bohème
Parlait tel un moulin
Rêvait d'amphithéâtre
De toge
De titres

Rêves brisés
Au contact de la chair.
Qui n'est plus qu'une ombre
Qui pleure et espère
Un soleil rédempteur.
Un jour se lève radieux
Neuf comme le premier jour du monde
Je fais mes adieux

À l'antre du silence
À mon corps prisonnier
Je lègue la liberté
Je me réapproprie ma voix
Je parle
Me parle.
Les mots
Et leurs beautés
La parole m'a sauvée
Et le monde
Rempli d'une suave musicalité
Entame la danse
De la voix retrouvée.

Une bouche pour parler

Une bouche pour parler
Une bouche pour dire ce qu'on veut
Une bouche pour dire ce qu'on ne veut pas
Une bouche pour dénoncer
Une bouche pour arranger
Une bouche pour crier
Une bouche pour chanter
Une bouche pour s'arroger
Une bouche pour remercier
Une bouche pour pleurer
Une bouche pour sourire
Une bouche pour jeter au désespoir
Une bouche pour aider à surmonter
Une bouche pour acclamer
Une bouche pour désarmer
Une bouche pour déconstruire
Une bouche pour tout bâtir
Une bouche pour s'affranchir
Une bouche de liberté
Une bouche de vérité
Une bouche…
Tout simplement pour s'exprimer.

Les rides de la vie

Marques prononcées
Légères pattes d'oie
Empreintes du temps qui passe.
Trophées de guerre
Coupes de joies
Myriade d'étoiles poussières.
Plus belles les unes que les autres
Plus fortes qu'un instant éphémère.
Traces présentes d'un passé pas vain
Plus insoumises que nos désirs enfouis
Douces amies qui jamais ne prennent le large
Soient sages
Soient folles
Belles rides de la vie.

Armelle Touko

Cameroun

La révolution du vagin

Je suis l'origine
La pensée sibylline
L'essence et l'aisance
L'en-dedans et l'en-dehors

Je suis le fruit défendu
Objet de tous les abus
Rebut de tous les tabous
Vulve sensuelle, bouton étincelle

Chaque matin, quand je me regarde, je crie.

Je crie parce que j'ai mal à ce que vous avez fait à ma féminité.
Vous m'avez talladé, étouffé, enfermé,
Néantisé, conceptualisé, culturalisé.
Vous avez travaillé à me retirer mon humanité,
Mon plaisir, ma vie, mon identité.

Chaque matin, quand je me regarde, je vis.

Je me nourris du souffle que j'insuffle à la vie.
Je vis parce que je suis la vie.
Je suis l'espoir de milliers de gens.
Je suis les pleurs d'un enfant et le rire d'un parent.
Je nourris l'humanité de toutes les sources qui sont miennes
Et je m'oublie, je ne sais plus qui je suis
Chaque matin, quand je me regarde je ris

Je ris de mon épanouissement retrouvé
De ma liberté d'être,
Conscience de moi-même,
De ma force, et de la peur qu'elle suscite en vous.
De vos incertitudes, et de vos désirs de possession,
À l'image de votre propre insécurité

Chaque matin quand je me regarde, je jouis.

Je crache le plaisir d'être moi.
Je me découvre enfin pour moi.
Libéré de toutes les pulsions qui sont miennes,
Mon être entre en transe
Et offre à ma féminité,
L'ode qu'elle mérite.

Je jouis à la vie.
Je jouis à ma liberté de jouir.
Je jouis sous mes doigts, par toutes les langues et par tous les
phallus.
Car jouir est ma plus grande vérité.
Je triture, te tâte, je frotte, je palpe, j'exprime et j'imprime.
Je crie, mais cette fois pour de bonnes raisons,
Car en toute jouissance je m'affirme et crie mon amour pour moi.

Par tous les revers, je cris, je vis, je ris et je jouis.
C'est ainsi l'ordre de la vie.

Corps réconcilié...

Artou Tao Félicité

Tchad

Artou Tao est née le 27 septembre 2002 à Dobolo/Gagal au sud du Tchad. Amoureuse de belles lettres, la jeune lycéenne de 18 ans s'intéresse à l'écriture dès l'école primaire. Actuellement, la jeune poétesse de la nouvelle génération est en classe de Seconde littéraire au Lycée Franco-Anglais Nestor Tokéa de N'Djaména.

Je suis ébène

Je suis ébène

Dans la forêt de mon Afrique, je suis la divine reine

Je suis la lumière

Je suis l'amazone de Paix

Je suis l'ombre du Progrès

Sur les collines et les monts du Cameroun,

Ma voix est un doux tambour

Cette voix appelle les ennemis au *fun*[1]

Ils viendront contempler ma couleur

Ils viendront magnifier mon corps

Ils viendront sous mon ombre être illuminés

Ils viendront recevoir leur étendard d'or

Je suis très noire naturellement

Cette couleur d'éclat sera éternellement

Noire comme **Rosa Parks**[2], j'en suis fière

Je suis comme la **kola**[3]

Le splendide immortel de ce kola est royal

La beauté de ce kola ne fait aucun mal

Je m'adapte à tous les continents

Noire comme Angélique **Kidjo**[4], j'espère

Moi la fille vertueuse en tout temps

Radieuse comme **Imbolo Mbue,**

---

1. Ce mot anglais veut dire joie, bonne ambiance.
2. Avocate, combattante pour l'égalité des races aux Etats-Unis, une voie de lutte contre les injustices et l'impunité. Elle s'aligne dans ce sens avec Martin Luther King pour la même cause.
3. La noix de cola ou le kola est comme une boule qui unit tout le monde.
4. Artiste-musicienne béninoise.

Were Were Liking et Leonora Miano[5]

Chaque matin, s'élève la fumée sur mon toit

Cette fumée apaise tous mes émois

Je lutte pour mon identité

Je lutte pour ma dignité

Je lutte pour préserver ma virginité

Par amour pour la vertu de la fidélité

Et être avec mon mari en toute sécurité

Seul l'homme de mon cœur pourra goûter de ce doux mets

Pour mon avenir, j'ai foi

Pour mon bonheur de tout désir, je crois

Je peux supporter chaque croix

Pour mon divin roi

Mon roi,

Ce roi

Ne sera pas mon trépas

Ce roi

Fera ma suave joie

De N'Djaména à Douala en traversant les rues claires

De Cocody, d'Accra, de Lomé et de Porto-Novo

Je serai toujours la même, la femme ébène

Jamais je ne me dépigmenterai

La beauté splendide réside dans la couleur noire

L'éclat d'une reine réside dans la peau d'espoir

Dans mes veines coulent des sources noires

Mon cœur est un mystère

Mon corps devient un mystère

---

5. Elles sont écrivaines camerounaises.

Mon corps est un divin mystère

Mon corps enfante des fleurs

Dans ma tenue royale comme les filles Fulfuldé, Bamum, Mafa,

Bassa, Toupouri, Bamiléké, Moundang, Massa,

Je *ndolo*[6]

 mon doux corps

Ce trésor d'or

Précieux comme les éclats d'aurore

Ce don de l'Éternel

Ce corps vivant et immortel

Qui produit la vie.

---

6. Ndolo est employé pour le verbe aimé et non amour.

ANK

Cameroun

Épicurienne, amoureuse de l'Amour, friande d'Art, ANK est le parfait prototype d'une poète dans l'air du temps. Elle baigne dans les chiffres au quotidien mais trouve toujours un instant pour se vouer à sa réelle passion. Âgée de 31 ans, c'est un personnage fantasque et très mystérieux qui use de son côté clair-obscur pour révéler les pépites de son doigté.

Euphorie

Face à ce miroir,
Sous ce lustre enchantant la pièce,
Nue, un magnifique écrin.

Sensuelles courbes,
Tracées avec délicatesse,
S'offrent à la délectation
D'un regard mystérieux.

Elle se contemple,
Se désire.
Voudrait s'offrir un baiser
S'étoffer de cette luxure.

Sans parures,
Elle se perle d'elle-même.
De ses doigts, se découvre avec délicatesse.

Elle est charmée par les embuscades,
Et s'émoustille de la douceur de sa délicate peau.
Lisse, elle n'admet nul duvet,
Et suscite convoitises.

Observant son « rose-thé »,
Elle aimerait toucher sa mantille,
Même le vent glacial,

S'infiltrant par la fenêtre entrouverte,
Ne saurait ternir
Ce moment de pure extase.

Elle avec Elle,
Suffocant de sa propre magnificence.
Ce bel écrin !
Cette belle sculpture !
Elle !

Kédine

Bénin

La promesse de sa plume : disserter en peu de mots, dévêtir les maux au travers de mots, enflammer les sens par la symphonie des mots. Elle ne saurait se dé-finir car elle n'est point finie.

Écrin

Huître
Perlière
Au bijou unique

Nid
Coquet
Au toucher douillet

Rose
Délicate
Aux pétales humides

Magnificence
Devant laquelle
Genoux fléchissent

Antichambre
Dynamique
À visibilité réduite

Embouchure
Fontaine
De jouissance

Antre
De plaisirs
Variables et multiples

Toboggan
Vertigineux
Aux parois glissantes

Fente
Ardente
À température printanière

Gare-toi de rougir
De te laisser découvrir
Va, embrasse ton destin.

Berlise Dongmo Guedia

Cameroun

Guedia Dongmo Berlise, née en mars 1987 à Manjo dans l'arrondissement du Mungo au Cameroun. Historienne de formation, elle a commis un article aux éditions Monanges portant sur les questions d'éducation et de genre en « pays Yemba ». Intéressée par les sources et documents historiques, elle entreprend une formation professionnelle au sein de la même Université. Elle y obtient une Licence Professionnelle en Documentation Archivistique et Librairie. Bibliothécaire stagiaire à l'Institut Français de Douala et à l'Alliance Franco-Camerounaise de Dschang, elle est saisie progressivement par le désir d'écrire, de décrier, et de s'indigner face à tous les maux qui minent la société. Elle est séduite par la beauté de la poésie et la force des messages qui en découlent. Son recueil de poèmes « Afrique en 2040 », sera sélectionné au concours de poésie organisé par les éditions Stellamaris, et publié en 2020.

Si tu savais combien je t'aime

Si tu savais combien je t'aime !
Toi merveilleux corps dont le créateur m'a fait grâce
Tiré de la côte d'un homme,
Pétri entre les mains de l'entité suprême

Mon corps est le résultat d'une expérience
Où reposent de grandes prouesses
Mon destin fut scellé, investi d'une mission divine
De mes entrailles, j'enfante

C'est l'apothéose de la vie
C'est le summum de l'existence
C'est le souffle logé dans mes entrailles
C'est la naissance d'un bourgeon.

Malgré les douleurs de l'enfantement
Tortures physiques et émotionnelles
Des joies immenses m'inondent à la délivrance
Tel un rayon de soleil.

Si tu savais combien je t'aime !
Tu incarnes la vie de l'amour
Par toi, l'humanité se célèbre
Oui, toi mon corps, je t'aime !

Marlyse Fokou Kamgain

Cameroun

Marlyse Fokou Kamgain est enseignante d'histoire/ géographie et d'éducation à la citoyenneté. Meilleur professeur principal du lycée bilingue d'application en 2019, elle se fais très proche des apprenants qui lui sont confiés avec abnégation et joie. Elle est également passionnée de voyage, de lecture, d'histoire et des civilisations africaines. L'un de ses principaux combats est celui des défenses de droits de la femme particulièrement la lutte contre les violences faites aux femmes.

Mon corps et moi

Mon corps, je voudrais te dire un bonjour particulier
Depuis plusieurs années, tu es mon ami fidèle
Toi et moi avons traversé pluies et vents
Tu es si beau qu'à te regarder, je me rends compte
Que j'ai de la chance de t'avoir à moi toute seule

À toi ma tête que j'ai longtemps ignorée
Je te demande pardon et je confesse ta beauté
Mes cheveux crépus et mon visage d'ange montrent
À suffisance que tu renfermes une cervelle de sage et d'érudit
Tu portes ma vue, mon langage et mon ouïe et je t'encense
car tu le mérites

À toi mon tronc aux courbes généreuses et pures comme la nature
Je t'ai trop souvent négligé pourtant tu es mon soutien
inconditionnel
Tu renfermes mon cœur pour vivre amoureusement dans la paix
Tu es mon grenier et mon gardien malgré les accidents de
parcours de tes os
Ma poitrine nourricière orne joyeusement mon torse

Et vous mes membres, qui me permettez d'aller et venir sans
exigences
Mes pieds, vous êtes comme la terre qui me porte sans plaintes.
Mes bras, mes chers bras, que vous m'êtes utiles pour aider et
embrasser

Vous portez mes doigts qui caressent et oignent pour donner
vie et éclat
Sans vous, je suis incomplète et avec vous, je suis un temple mobile

Mon corps, tu es mon temple et seule avec toi je suis venue, seule
avec toi, je m'en irai
Tu es le seul qui tient à moi et restera avec moi quoi qu'il arrive
Je m'en rends compte et cela n'a pas toujours été ainsi
Plus jeune, je les ai laissés t'exciser, te violer et te scarifier, te mutiler
et te blesser
Et pourtant, tu n'en avais pas besoin parce que tu es parfait

Je ne les laisserais plus jamais te faire du mal et te souiller
Je vais prendre soin de toi, te bichonner et te câliner
Je vais te parfumer et te protéger de tes ennemis visibles et
invisibles
Mon très cher corps, tu es mon anse, mon or et ma chair

Tu es mon corps, tu es moi et moi, je suis toi pour toujours.

3 Plumes

Anonyme

Merci cher Corps

Début de voyage
Te rappelles-tu ?
Mon absence
Ce départ bienvenu
En ta seule présence

Toi Moi, Premier Arrêt...
Voisins de cabine pour les premières batailles
Nous avons découvert le paysage dans mon insouciance
Aux secousses à coups de ceinture ressentis dans nos entrailles
Nous montrons notre résistance !

Toi Moi, Deuxième Arrêt...
De nombreux passagers plutôt encombrants
Pulpeux, boutonneux avec leur bagage rouge cerise
Le voyage se teinte de pleurs, d'amour, de cris et souvent de néant
Nous traversons ensemble cette crise !

Toi Moi, Troisième Arrêt...
Qui êtes-vous au milieu des autres ?
Peut-être un régime, un piercing, ou juste un tattoo
Demande le nouveau contrôleur, monsieur L'autre
Nous lui répondons, nous sommes juste Nous !

Toi Moi, Quatrième Arrêt...
Arrêt neuf fois plus long

Un nouvel arrivant inattendu
Apportant avec lui, fatigue, nausée, boutons
Nous l'accueillons tout de même dans une joie absolue !

Toi Moi, Cinquième Arrêt...
Le train paraît à présent plus lent
Marqué par le temps, zébré de lignes d'aventures
Le voyage semble tirer à une fin latente
Nous profitons encore des derniers trajets !

Fin du Voyage
Tout le monde descend
Tu te précipites vers la sortie
Et ne me laisses pas le temps
De dire, merci cher Corps d'avoir été ce compagnon.

LE COLLECTIF ADINKRA FEMMES

Le Collectif Adinkra Femmes est une Association indépendante, laïque, apolitique, à but non lucratif et à vocation internationale créée en octobre 2019 par un collectif de femmes, en collaboration avec les Editions Adinkra. Son siège social est à Yaoundé au Cameroun.

Raison d'être

Les femmes africaines portent en elles, des siècles de violences. L'histoire, la tradition, la culture sont entachées sur des générations, de considérations, de rites et d'actes qui ont visé à déposséder les femmes de leur humanité, et parfois même à les néantiser, et ce jusqu'aujourd'hui encore. (Violences physiques, sexuelles, psychologiques, morales, culturelles, etc.).

Face à ces diverses formes de violence, la femme africaine très peu encline à l'expression a quasiment toujours gardé le silence. Un silence culturalisé et érigé en modèle, dont l'une des principales séquelles est la naissance des traumatismes de tout genre. Le collectif Adinkra Femmes a pour ambition de redonner à la femme son expression.

Expressions de diverses formes qui lui permettront de se découvrir, de se retrouver, de s'apprivoiser, de guérir, de se renouveler, de se construire, et de lutter pour ses propres intérêts.

Objectifs

- Regrouper les femmes d'origine africaine autour des problématiques auxquelles elles s'identifient, à travers les projets littéraires, sociaux, culturels et artistiques ;

- Mettre en commun les forces, les potentiels et les ressources pour la promotion et la valorisation de l'expression libre et assumée de la femme africaine résidant partout dans le monde ;

- Créer un réseau de compétences et d'entraide

- Impliquer les hommes dans la lutte contre les violences

Domaines d'intervention

1. Domaine littéraire

Appels à textes, ateliers d'écritures, projets éditoriaux, conférences et échanges littéraires, etc...

2. Domaine artistique et culturel

Arts visuels, Arts musicaux, artisanats et arts de la scène, formation, organisation des foires et autres activités génératrices de revenus

3. Domaine social

Actions citoyennes, sociales et humanitaires

Fonctionnement

Le collectif Adinkra Femmes compte trois départements programmes, chapeautés chacun par une vice-présidente. Les départements définissent leur plan d'action pour l'année, lesquels sont validés par le Conseil d'Administration. Les différents chefs de départements (Vice-Présidentes) sont supervisées par la Présidente du Collectif. Ils constituent leurs équipes de travail.

Les départements programmes sont appuyés dans leur mission, par les départements supports.

1. Les Départements Programmes

Les trois départements programmes sont :

- **Le département littéraire** : il regroupe toutes les activités à caractère littéraire

- **Le département Artistique et culturel** : il regroupe toutes les activités concernant les Arts visuels/Artisanat, ainsi que les activités culturelles.

- **Le département social et humanitaire** : il regroupe toutes les activités à caractère social et humanitaire.

2. Les départements Supports

Les départements supports appuient les départements programmes dans l'exécution de leurs plans d'action. On compte ainsi :

- **Le Département finance et comptabilité** : il gère les finances et la comptabilité du Collectif.

- **Le Département de recherche de financement** : il recherche des financements auprès des organismes en tenant compte des niches disponibles dans les domaines d'activité du Collectif ; organise les levées de fonds pour des activités spécifiques ; recherche des sponsorings auprès des entreprises, en collaboration avec le département Communication et Relations Publiques.

- **Le département communication et relations publiques :** il

définit et implémente la stratégie de communication du
Collectif et propose un plan de communication. Il créé
et anime les plateformes de communication, et recherche
les partenaires et sponsorings, en collaboration avec le
Département de Recherche des Financements.

- **Le département lobbying et réseautage :** Il développe le
  Lobbying interne et externe du Collectif et met en œuvre les
  activités de réseautage.

3. Les coordinations décentralisées

Les coordinations décentralisées sont chapeautées par les
coordonnateurs régionaux et comptent au minimum 6 membres. Les
coordinations décentralisées peuvent mettre en œuvre les activités
sur le plan local, dans les domaines d'intervention du Collectif. Les
projets d'activités doivent être validés en premier ressort par le Chef
de département concerné, et en deuxième ressort par le Conseil
d'Administration. Les coordinations décentralisées peuvent faire de
la recherche de financement/Sponsoring à l'échelle locale.

Les Coordinations décentralisées déjà existantes sont les suivantes :

- La Coordination Adinkra Femmes Grand littoral

- La Coordination Adinkra Femmes Europe

- La coordination Adinkra Femmes Amériques

Devenir membre

Peuvent devenir membre du collectif, toute personne, sans
distinction de sexe, qui partage la vision et la mission d'association.
Les demandes d'adhésion. Les adhésions sont validées par le Conseil
d'Administration et entérinées par l'Assemblée générale annuelle.

LES APPELS A TEXTES DU COLLECTIF ADINKRA FEMMES

Le Collectif Adinkra Femmes lance chaque année un appel à textes sur des thématiques spécifiques à des fins d'édition. Il s'agit d'impulser et d'éditer des livres d'auteur(e)s et de collectifs d'auteur(e)s sur les problématiques, les réalités, les aventures de la femme africaine du 21ème Siècle. Un son de cloche inclusif qui donne l'opportunité à toutes les femmes de donner leur propre regard sur leur histoire.

C'est dans cette optique que le 16 octobre 2019, le Collectif Adinkra Femmes a lancé un appel à textes autour de 03 thématiques fortes.

- Thématique N°1 : Mon corps et moi

- Thématique N°2 : La violence n'est pas que physique

- Thématique N°3 : Être une femme en zone de guerre

Ce livre éponyme est une édition des textes issues de la première thématique. Un second livre est commis, recueil de nouvelles cette fois, sur les deux autres thématiques.

Que l'aventure continue.

Remerciements

L'édition de ce livre fut un véritable parcours du combattant. Le Collectif Adinkra Femmes étant une jeune organisation, il a fallu, à tous les niveaux, mettre patiemment un pas devant l'autre, impliquer les compétences et les expertises adéquates, impliquer les âmes de bonne volonté, pour aboutir à ce travail de qualité. Ce ne serait donc pas un euphémisme que de considérer cette anthologie comme une œuvre communautaire, de par l'implication à grande échelle de toute une communauté de personnes qui ont pris part à cette belle aventure.

C'est donc l'occasion ici pour moi, en ma qualité de Présidente du Collectif Adinkra Femmes et de Directrice Générale des Editions Adinkra de remercier toutes les personnes physiques ou morales qui de près ou de loin ont apporté une quelconque pierre à cet édifice.

Je remercie la vaste équipe du Collectif Adinkra Femmes, qui n'a ménagé aucun effort tout au long du processus d'édition, à travers les campagnes de communication et les levées de fonds. Un merci particulier à Lionel Wassoumi, Ariane Yolande Yamen, Jeanne Kiboum, Arlette Mayi, Gils Da Douanla, Stéphanie Dongmo, Anissa Yambe, Abelle Bioule et Beatrice Mendo.

Je remercie ces belles âmes, prolongements de moi-même, qui ont été sollicitées à toutes les heures et pour toutes les occasions et qui comme de braves soldats de l'engagement, ont répondu présent. Mes chères Bélinda Rose, Zila Aset, Annick Noutat et Danielle Mahop,

Je remercie Nkul Béti et Zila Aset, les ombres derrière le travail éditorial ; l'ensemble des autrices qui ont contribué au rayonnement de cet appel à textes à travers leur soumission de manuscrit, celles qui ont été sélectionnées pour s'être permises d'être excellentes afin que ce livre soit.

Je remercie la grande communauté des réseaux sociaux, plus spécifiquement la belle communauté Facebook, celle qui a contribué à rendre visible nos actions à travers les nombreux partages ; celle qui a mis la main à la poche pour porter le financement participatif au plus haut, à travers la campagne « Même Kolo je prends ». Toutes les personnes qui ont apporté une contribution pécuniaire lors de ladite campagne. Tous les soutiens, les proches, les camarades, les amis, les partenaires qui ont répondu présent quand nous avions besoin d'eux.

Je remercie les médias, ceux qui nous ont offert une tribune d'expression et de rayonnement, et ce de façon spontanée. Je parle ici, sans que la liste ne soit exhaustive, de Sun Plus TV, Canal Plus Afrique, CRTV, Rfi, Nyanga Magazine, Radio Campus, DBS TV, Sky One Radio, Le Jour, Elite au féminin, Onoan Agency, Clijec Mag, Muna Kalati, etc.

Cette œuvre, plus encore que toutes les autres, est la preuve qu'une seule main, ne saurait attacher un fagot de bois.

Merci.

Armelle Touko
Présidente du Collectif Adinkra Femmes
CEO des Editions Adinkra

www.ingramcontent.com/pod-product-compliance
Lightning Source LLC
Chambersburg PA
CBHW051444150726
48000CB00005B/2247